SOCIÉTÉ NATIONALE D'AGRICULTURE DE FRANCE

18, RUE DE BELLECHASSE.

ÉLOGE

DE

HENRI-LÉONARD-JEAN-BAPTISTE

BERTIN

1719-1792

PAR

M. GUSTAVE HEUZÉ

MEMBRE DE LA SOCIÉTÉ NATIONALE D'AGRICULTURE

Lu dans la séance du 18 janvier 1888.

PARIS

TYPOGRAPHIE GEORGES CHAMEROT

19, RUE DES SAINTS-PÈRES, 19

1888

ÉLOGE

DE

BERTIN

HENRI-LÉONARD-JEAN-BAPTISTE

1719-1792

SOCIÉTÉ NATIONALE D'AGRICULTURE DE FRANCE
18, RUE DE BELLECHASSE

ÉLOGE

DE

HENRI-LÉONARD-JEAN-BAPTISTE

BERTIN

1719-1792

PAR

M. GUSTAVE HEUZÉ

MEMBRE DE LA SOCIÉTÉ NATIONALE D'AGRICULTURE

Lu dans la séance du 18 janvier 1888.

PARIS

TYPOGRAPHIE GEORGES CHAMEROT

19, RUE DES SAINTS-PÈRES, 19

1888

ÉLOGE

DE

BERTIN

HENRI-LÉONARD-JEAN-BAPTISTE

1719-1792

C'est sur la proposition du ministre Bertin, conseiller ordinaire au conseil royal et contrôleur général des finances, que notre compagnie fut fondée par Louis XV, le 1ᵉʳ mars 1761, sous le titre de *Société d'agriculture de la généralité de Paris*.

Bertin (Henri-Léonard-Jean-Baptiste), dont on connaît fort peu la vie laborieuse et féconde, naquit dans le Périgord, en 1719, d'une famille de robe (1). Il avait été nommé conseiller du roi en 1741 et président du grand Conseil en 1750. Ce fut lui qui eut pour mission, comme

---

(1) Bertin de Blagny, mort en 1791, était parent de Bertin; il était membre associé de l'Académie des inscriptions et belles-lettres; il obtint en 1742 sa charge de trésorier général des fonds particuliers du Roi qu'il conserva jusqu'en 1788. La famille de Bertin avait les titres de comte de Bourdeilly, seigneur de Brantôme et premier baron du Périgord.

commissaire, le 19 novembre 1746, d'instruire le procès de Mahé de La Bourdonnais, le vainqueur de Madras, lorsque Dupleix le fit arrêter et écrouer à la Bastille après l'avoir dénoncé comme prévaricateur alors qu'il gouvernait les îles de France et de Bourbon. Ce procès dura trois ans et demi, mais de La Bourdonnais fut déclaré innocent. Toutefois, le chagrin que lui causèrent son arrestation et sa longue détention fut tel qu'il mourut en 1761. Voltaire, dans ses *Fragments sur l'Inde* se plaît à dire que c'est Bertin qui fit rendre justice à La Bourdonnais, dont la veuve, sur la proposition de ce ministre dévoué, reçut une pension de 2,400 livres. Dupleix, l'heureux défenseur de Pondichéry, était très jaloux de la gloire de Mahé de La Bourdonnais; il est mort dans la misère, n'ayant pas obtenu, malgré ses vives instances, le remboursement des 13 millions que lui et ses amis avaient avancés au comptoir de Pondichéry.

Bertin, après ce procès célèbre, devint successivement intendant du Roussillon et du Lyonnais. Admis comme associé par l'Académie de Lyon pendant son séjour dans cette ville, il fit don à cette compagnie d'un herbier contenant les plantes des Pyrénées que Barère avait préparé, après avoir obtenu, en 1725, une chaire de botanique à Perpignan, sa ville natale. En 1757, Bertin fut nommé lieutenant de police. A cette époque, il était intendant de la cassette particulière du roi, conseiller ordinaire au Conseil royal, membre du grand Conseil et membre du Conseil d'État. Deux années plus tard, en 1759, année où les grandes familles portaient leur argenterie à la Monnaie pour venir au secours de l'État, il succéda à Silhouette après la mort de Gournay, en qualité de contrôleur général. A cette époque le roi avait une complète confiance dans le savoir de Bertin, et ce dernier pouvait compter sur les sympathies de la marquise de Pompadour, qui partageait entièrement les idées économiques de Quesnay. Malheureusement les finances de la France étaient dans un état déplorable, situation que Silhouette avait tenté en vain d'améliorer. C'est alors que Bertin jugea possible de recourir aux emprunts viagers et de créer un octroi dans les villes et les bourgades. Le prince de Conti lui versa 500.000 livres qui furent pour le trésor une précieuse ressource, mais les Parlements ayant refusé d'enregistrer les édits concernant les octrois et reconnaissant, d'autre part, que les emprunts pourraient avoir un jour de graves conséquences, il s'effraya et donna sa démission le 14 décembre 1763. Toutefois, Bertin ne quitta pas le ministère; il resta dans le conseil jusqu'en 1781 comme secrétaire d'État chargé des affaires intérieures avec le traitement de ministre d'État. Il eut dans ses attributions l'agriculture, le commerce, les manufactures, les haras, la navigation, etc. C'est de l'Averdy qui le remplaça et qui eut Terray pour successeur en 1768. De l'Averdy fut remercié, malgré ses sages avis pour remplir les coffres vides de l'État.

L'agriculture, dans la seconde moitié du xviiie siècle, eut souvent à se féliciter de voir Bertin chargé de la direction des affaires intérieures. Le 25 mai 1763, sur la proposition de cet habile administrateur qui appartenait à l'école de Gournay, le roi rendit un édit qui autorisait la libre circulation des grains et des farines dans toute l'étendue du royaume et qui exemptait ces denrées alimentaires de tous droits, même de ceux de péage. Aussi est-ce avec raison que Voltaire écrivit un jour à Taboureau que c'est bien à Bertin que la France doit la liberté du commerce des grains ; l'édit qui autorisa ce commerce libre avait été précédé le 27 avril de la même année d'un arrêt du Conseil d'État rendu sur le rapport de Bertin, qui exemptait les bestiaux de tous droits de circulation dans le royaume et qui faisait connaître que ces animaux pouvaient sortir de France, si on acquittait un droit d'un demi pour 100 de leur valeur. Ces deux édits eurent pour complément, le 10 juillet 1764, un arrêté autorisant la sortie et l'entrée des grains et des farines, moyennant un droit à la sortie d'un demi pour 100 et à l'entrée d'un droit de 1 à 3 pour 100.

Les terres incultes occupaient en France à cette époque une surface considérable, qui rendait bien tristes les régions du Centre et de l'Ouest. Ce fut dans le but d'encourager les agriculteurs à les transformer en terres labourables que Bertin obtint du Conseil d'État, le 16 août 1761, un édit qui exemptait pendant dix années de taille et de vingtième toutes les terres incultes qui seraient mises en valeur. Les terres vaines et vagues étaient celles qui étaient restées sans culture depuis vingt années.

L'année suivante, le 8 avril 1762, le Conseil d'État, sur le rapport de Bertin, rendit un arrêt qui exemptait de droits d'insinuation, centième ou demi-centième denier et droits de franc fief, tous les baux à ferme des biens-fonds dont la durée oscillerait entre sept et vingt-sept années.

L'édit de 1761 sur le défrichement des terres incultes conduisit Bertin à proposer au Conseil d'État d'autoriser une compagnie à défricher 240,000 arpents de terres vaines et vagues dans les landes de Bordeaux. Aux termes de cet arrêt qui porte la date du premier juin 1762, les défricheurs ne devaient payer aucun droit pendant vingt-sept années. La superficie à défricher devait être utilisée de la manière suivante : Bâtiments ruraux, 6,000 arpents; jardins et vergers, 5,000 arpents; terres labourables, 110,000 arpents; bois, 20,000 arpents; canaux et cours d'eau, 4,000 arpents; marchés, places, 3,000 arpents.

Enfin, le 28 septembre 1768, une déclaration du roi exempta les défrichements exécutés dans le Dauphiné, pendant quinze années, de dîmes, vingtièmes, etc., à l'exception de la taille qui continua à être perçue lorsque les terres avaient été cadastrées.

Ces mesures libérales et protectrices eurent le complet assentiment des agriculteurs et de ceux surtout qui n'étaient plus attachés aux anciennes coutumes par suite de la rénovation qui s'était manifestée sur un grand nombre de points du royaume et qui eut comme point de départ les écrits de Duhamel-Dumonceau, Patulo, Turbilly, etc., et l'existence de la Société d'agriculture fondée à Rennes par les États de Bretagne, le 20 mai 1757, sur le rapport de Gournay et la proposition du duc d'Aiguillon. Cette société, la première établie en France, fut promptement autorisée par Louis XV, parce qu'elle ne pouvait être, dit-il dans sa déclaration, que très utile à la province de Bretagne et au royaume. Ce sont les services que cette société rendit à la Bretagne pendant les quatre premières années de son existence qui engagèrent Bertin à proposer au roi, en 1761 et 1762, d'autoriser la création des sociétés d'agriculture de Tours, de la Rochelle, du Mans, de Rouen, de Paris, etc.

L'épizootie qui causa tant de calamités en France, en

1745 et 1746 1 , fit comprendre à Claude Bourgelat, ancien avocat au Parlement de Grenoble, puis officier de cavalerie et maréchal des écuries du roi, et qui dans sa jeunesse avait aimé passionnément les chevaux, combien serait important le service qu'on rendrait à l'agriculture française, si l'on parvenait à la doter de médecins vétérinaires très instruits dans l'art d'élever et de guérir les animaux. A cette époque, l'art vétérinaire était exercé seulement par les maréchaux ferrants, qui ignoraient complètement les premières notions de la physiologie, de la matière médicale et de l'hygiène. Convaincu que les écoles vétérinaires seraient approuvées par toutes les intelligences, Bourgelat s'adressa à Bertin qu'il avait connu quand il était intendant de la généralité de Lyon et il lui demanda son appui. Bertin adopta avec un louable empressement les idées de Bourgelat et un édit, en date du 5 août 1761, autorisa la création d'une école vétérinaire à Lyon et ouvrit à Bourgelat un crédit de 50,000 livres, payables en six années. L'ouverture de cette école eut lieu le 1ᵉʳ janvier 1762. Par un nouvel édit en date du 30 juin 1764, cette école prit le titre d'*École royale vétérinaire*. Un autre édit daté du 11 août 1764 accorda aux élèves diplômés le privilège exclusif d'exercer la médecine vétérinaire.

Cette utile institution, toutefois, ne satisfit pas complètement Bertin, parce qu'elle était très éloignée de Paris. Bourgelat ayant aussi reconnu qu'on devait créer une seconde école vétérinaire à une faible distance de la capitale, l'État acheta le 25 décembre 1765, moyennant 30,000 livres, le château d'Alfort. C'est dans cette pro-

1 Bertin s'occupa du fléau des épidémies avec un zèle soutenu *Lacretelle*).

priété, en effet, qu'on organisa la deuxième école vétérinaire française qui fut ouverte en 1766 avec beaucoup
de solennité. Le 26 septembre 1769, Bertin y présida,
comme ministre et secrétaire d'État, la séance générale
dans laquelle des prix furent distribués aux élèves les
plus méritants. Bourgelat contribua beaucoup à l'amé-
lioration de cette école pendant les quelques années qu'il
la dirigea.

Bourgelat eut pour successeur à Lyon l'abbé Rozier,
dans la direction de l'école vétérinaire. Cet infortuné
savant fut remplacé en 1765 par Péan, et ce dernier par
Chabert, qui devint plus tard directeur de l'école d'Alfort. Les journaux du temps disent que la destitution de
l'abbé Rozier eut pour cause la jalousie de Bourgelat qui
aurait vu Rozier avec déplaisir donner une grande importance à l'enseignement scientifique de l'art vétérinaire. Quoi qu'il en soit, on n'a jamais su très exacte-
ment les motifs pour lesquels Rozier fut emprisonné
après avoir été destitué.

Bertin ne cessa un seul instant d'être le protecteur
éclairé de l'agriculture française. En 1760, l'*alucite* ayant
causé de grands dommages aux grains dans l'Angou-
mois, il chargea Tillet et Duhamel-Dumonceau d'étudier
les mœurs de ce redoutable insecte. En 1763, il fit adres-
ser à tous les intendants des provinces le *Mémoire sur
les défrichements* que Turbilly publia en 1760, persuadé
qu'il était que les agriculteurs y puiseraient d'utiles
conseils. En 1764, il encouragea la *culture du sainfoin*
dans les contrées où cette plante fourragère des terrains
calcaires était encore inconnue. La même année, il vul-
garisa la *mouture économique* parce que dans sa con-
viction cette mouture devait remplacer très avantageu-

sement la mouture à la grosse qui était très ancienne et très imparfaite, et la mouture méridionale que l'on regardait à bon droit comme très défectueuse. En 1766, il fit distribuer une *Instruction sur la destruction des loups*. En 1767, il s'occupa de la *destruction des mulots*, en 1770, du *procédé de vinification* proposé par Maupin, et en 1764 et 1771, il fit imprimer et répandre une *Instruction sur l'influence fâcheuse que l'ergot du seigle peut exercer sur l'économie humaine*. On sait que c'est à cette altération du grain de cette céréale qu'on a attribué à tort ou à raison la *maladie des ardents*, qui a causé une si grande mortalité pendant les xi⁰ et xii⁰ siècles.

Mais Bertin ne s'occupa pas seulement d'encourager et de propager l'enseignement de l'art vétérinaire. Convaincu de la nécessité d'instruire les laboureurs et les jardiniers afin qu'ils ne restassent pas attachés à des pratiques surannées, il songea aussi à créer des écoles d'agriculture et de jardinage. C'est pour atteindre ce but qu'il encouragea la création d'une *École d'agriculture* à Anel, près Compiègne, sur la propriété de M. Pannelier, l'un des receveurs des domaines du roi. Cette école comprenait 600 arpents; elle était placée sous la direction éclairée de Sarcey de Sutières, l'un des membres de notre compagnie. Chaque année, elle recevait douze laboureurs qu'elle devait rendre capables de diriger une culture progressive. Quelques personnes appelaient alors cette institution un *séminaire de laboureurs*.

Ces laboureurs à tradition nouvelle devaient être âgés de vingt à trente ans; ils étaient logés, nourris et blanchis, et recevaient une instruction complète, à la fois théorique et pratique. Le programme de cette véritable *ferme-école* était aussi complet qu'on pouvait le désirer à cette époque. Chaque élève méritant recevait à sa sortie de l'école une charrue et une herse.

Les ministres, étant le 4 août 1772 à Compiègne, visitèrent l'école d'Anel; Bertin les accompagnait comme contrôleur général. Charlemagne, laboureur à Bobigny, l'adversaire bien connu de toutes les idées qu'il n'avait pas méditées, ne cessa de critiquer les labours exécutés sur le domaine comme laissant beaucoup à désirer sous tous les rapports. L'un des ministres ayant remarqué la vigueur et la régularité des plantes qui y étaient cultivées, lui fit cette remarquable réponse : *J'admire les mauvais labours qui produisent de si belles récoltes!*

C'est aussi dans le but de doter la France d'une vaste pépinière et d'une école d'horticulture que Bertin encouragea Moreau de La Rochette à créer près Melun (Seine-et-Marne) un grand établissement horticole. Cette vaste *pépinière* devait fournir gratuitement des plants de toute sortes, et l'*École d'horticulture* devait recevoir 200 élèves. Les jeunes gens qui y terminaient avec succès leur apprentissage recevaient à leur sortie une gratification de 300 livres.

Ces écoles avaient leur raison d'être, ainsi que l'a constaté Voltaire; malheureusement elles furent supprimées en 1780 par Necker par mesure d'économie, bien que l'*Encyclopédie* ait reconnu leur utilité dans l'article intitulé : *Institutions d'agriculture.*

Bertin s'intéressait à tout ce qui pouvait accroître la gloire de la France. Avant son arrivée aux affaires, il existait au château de Vincennes (Seine) une manufacture de céramique fondée en 1738 par le marquis de Fulvy, gouverneur de cette demeure royale, et dirigée par Hellot, membre de l'Académie des sciences. Cette usine ayant absorbé toute la fortune de son fondateur, celui-ci la vendit en 1750 aux fermiers généraux qui la transportèrent à Sèvres, près Saint-Cloud, après avoir fait édifier les bâtiments qu'elle nécessitait. C'est cette manufacture que Louis XV acheta en 1759 sur la proposition de Bertin, pour la réunir au domaine de la couronne, et ce fut le chimiste Macquer, membre de l'Académie des sciences, que Bertin fit nommer directeur. La découverte en 1768, par Villaris, d'un gisement de kaolin à Saint-Yrieix (Haute-Vienne), permit à Macquer d'apporter dans la fabrication de la porcelaine de si utiles perfectionnements que cette usine, connue depuis sous le nom de *Manufacture de porcelaine de Sèvres*, acquit promptement une supériorité que personne n'a jamais osé contester.

Ce fait n'est pas le seul qui honore Bertin. Poivre, le célèbre voyageur français, au retour de son voyage en Chine et à Batavia, en 1748, proposa à la Compagnie des Indes d'introduire à l'île de France et à l'île Bourbon la culture du poivrier, du muscadier, etc. Cette offre ayant été acceptée, Poivre quitta de nouveau la France en 1749 et obtint à l'île de France et à Madagascar un plein succès dans ses essais de naturalisation des plantes à épices. Il revint en France en 1757, après avoir été fait trois fois prisonnier par les Anglais et avoir eu le poignet droit emporté par un boulet de canon. A son arrivée à Paris, il reçut le cordon de l'ordre de Saint-Michel. Sur les instances du duc de Praslin, il s'embarqua une troisième fois comme intendant de l'île Bourbon et de l'île de France. Le 10 juillet 1770, le conseil supérieur de l'île de France constatant que Poivre avait introduit dans cette île 4.000 muscadiers, 10.000 muscades germées et 70 giroffiers, lui reconnut par un éclatant hommage les services incontestables qu'il avait rendus à la colonie. Poivre, lorsqu'il revit sa patrie, était sans fortune ; mais l'héroïque Suffren loua son patriotisme et ses vertus privées et publiques. Alors Turgot, sur la proposition de Bertin, lui fit accorder une pension de 12,000 livres comme récompense nationale.

C'est Althen qui le premier introduisit dans le Comtat, au péril de sa vie, la culture de la garance de Smyrne, qui était bien supérieure à la garance qu'on cultivait en France depuis plusieurs siècles, parce qu'elle contenait une plus forte proportion de garancine. Bertin ayant eu connaissance des louables tentatives faites par Althen sur la propriété de Mme de La Clausenettes, fit venir de l'Asie d'importantes quantités de graines de garance qu'on distribua gratuitement en 1767, ainsi qu'une instruction sur la culture de cette plante tinctoriale. Althen a sa statue sur le rocher des Doms à Avignon, et au milieu de la contrée qui lui a dû son importante richesse pendant plus d'un siècle.

A l'avènement de Louis XVI, en 1774, le duc d'Aiguillon ayant été exilé, Bertin devint ministre des affaires étrangères, fonction qu'il conserva par intérim jusqu'à la nomination du comte de Vergennes. Alors il reprit ses fonctions de ministre d'État pour les affaires intérieures. Turgot, le collègue de Bertin, s'occupa avec un zèle au-dessus de tout éloge de la situation financière de l'État ; mais l'opposition qu'il rencontra et les nombreux pamphlets qu'on publia contre lui furent tels, que le roi jugea nécessaire de le remplacer par Necker. Ce renvoi attrista Bertin, mais il ne ralentit pas son dévouement pour l'agriculture. L'Académie de Besançon ayant envoyé au ministère le mémoire de Parmentier, qu'elle venait de couronner, *sur les moyens de prévenir les disettes*, Bertin en ordonna l'impression en 1778. Désirant, en outre, seconder Parmentier dans ses judicieuses tentatives pour faire accepter par la population ouvrière le tubercule de la pomme de terre comme un aliment de premier ordre, il proposa à Louis XVI, en 1781, de l'autoriser à faire des expériences sur la culture de cette précieuse plante dans la plaine des Sablons, sur une surface de 54 arpents. C'est aussi sur la proposition de Bertin que fut rendue en 1776 *l'ordonnance sur la police sanitaire*.

Bertin revint au ministère en 1779, mais il le quitta pour toujours en 1782, lorsque Necker donna sa démission par suite du refus des parlements d'enregistrer plusieurs édits concernant la création d'assemblées provinciales (1).

Les nouvelles fonctions que Bertin accepta augmentèrent son zèle pour le bien public. Voulant accroître l'importance des vétérinaires dans les campagnes, il adjoignit un cours d'accouchement et un cours de reboutage aux cours qui étaient professés dans les écoles d'Alfort et de Lyon. De plus, en 1780, il annexa à l'école d'Alfort les animaux étrangers qu'on pouvait espérer acclimater en France, comme les bêtes ovines mérinos, les chèvres d'Angora, les lamas et les vigognes; malheureusement l'arrivée de Calonne au ministère, qui voulait partout des économies, priva les écoles vétérinaires de tous les perfectionnements que Bertin avait le projet d'y introduire.

1 Bertin de 1759 à 1780 a vu successivement tomber de l'Averdy, Terray, Turgot et Cligny. En 1774, il devint ministre des affaires étrangères jusqu'à la nomination de Vergennes.

C'est en 1779 que l'*École de boulangerie* fut créée à Paris dans la rue de la Grande-Truanderie, école que le roi, sur la proposition de Bertin son protecteur, concéda à notre compagnie pour qu'il y soit fait des expériences sur la panification. C'est de Palerne, qui à cette époque était secrétaire perpétuel de notre société, qu'il désignait dans les lettres qu'il publia en 1767 dans le *Journal économique* sous le nom de *Société royale d'agriculture*, dénomination inscrite aussi dans l'almanach royal de 1781, 1782 et 1783 (1). Ces lettres avaient pour but de faire connaître, d'abord, que notre compagnie avec l'approbation de Bertin, ouvrait une souscription publique dans le but de pouvoir récompenser ceux qui, par leurs mémoires ou leurs expériences, hâteraient les progrès de l'agriculture, et, ensuite, qu'elle aurait à l'avenir chaque année deux assemblées générales, l'une le jeudi après la Quasimodo, et l'autre le premier jeudi de décembre.

Bertin est mort en 1792, âgé d'environ 73 ans, mais on ignore encore le lieu exact de sa naissance et le lieu où il rendit son âme à Dieu. Il avait été nommé membre honoraire de l'Académie des sciences en 1763 et membre honoraire de l'Académie des belles-lettres en 1772. Il était commandeur de l'ordre du Saint-Esprit et de l'ordre de Saint-Michel. Il appartenait à notre compagnie depuis 1761, et comme correspondant et comme membre associé. En 1791, notre société le comptait parmi les vétérans qui comprenaient alors le maréchal de Noailles, Monthyon, le comte d'Angiviller, le marquis de La Billarderie, de Croï, etc., etc.

Bertin jouissait de l'estime générale, parce qu'il aimait

---

(1) La Société d'agriculture n'a reçu aucun membre de 1770 à 1783 ; ce fut Bertin qui la réorganisa à cette époque *(De Foville)*.

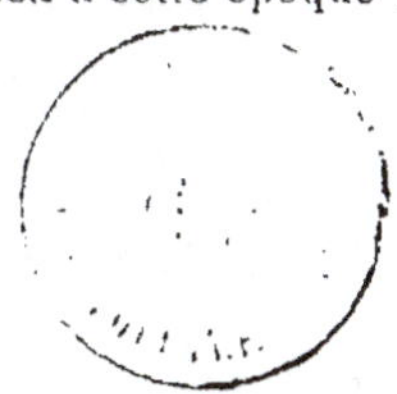

à secourir ceux qui étaient dans le besoin et qu'il avait des habitudes d'ordre et d'activité ; il eut pour amis Jussieu, Duhamel-Dumonceau, Buffon, Turgot, Malesherbes [1], Parmentier, Lavoisier, etc. Il fut le protecteur d'Antoine Richard et d'André Michaux et favorisa leurs voyages en France et à l'étranger [2].

C'est à Bertin que revient l'honneur d'avoir créé à Paris le *Dépôt général des Chartes* dans lequel ont été réunis de si nombreux documents inédits relatifs à l'histoire de France. C'est à lui aussi que l'on doit la publication du *Dictionnaire tatar-mantchou-français* du Père Amiot, ouvrage en 3 vol. in-4. C'est Bertin, en effet, qui fit à ses frais graver les poinçons et fondre les caractères qui servirent à l'impression de ce grand ouvrage par les presses de Didot aîné en 1789.

De cette esquisse rapide de la vie de Bertin, on peut conclure que cet administrateur laborieux a servi la France avec dévouement pendant quarante années, qu'il a été un des principaux protecteurs de l'agriculture [3],

1 Le 24 décembre 1785, Lavoisier fit connaître au comité d'administration de l'Agriculture que sous le ministère de Bertin, il fut chargé de concourir avec Guettard au perfectionnement de la carte minéralogique de France dressée par ce dernier en 1746.

2 Dutens, dans son *Mémoire d'un voyageur qui se repose*, raconte t. II, p. 213, l'aventure suivante qui arriva à Bertin, alors qu'il voulut revoir le Périgord : ayant reçu l'hospitalité dans une vieille demeure féodale, il fut effrayé en étant réveillé par un cadavre vivant qui venait lui disputer le lit qu'il occupait. Ayant reconnu la voix d'un de ses amis intimes, il apprit de ce dernier qu'il avait été renfermé depuis un an dans un des caveaux de son château par son fils, dans le but de le faire passer pour mort, et de s'emparer de sa fortune. Bertin ayant appris qu'il devait sa délivrance à la négligence de son geôlier, quitta subitement le château en emmenant son ami. Le lendemain de son arrivée à Périgueux, il ordonna l'arrestation du fils dénaturé, qui fut renfermé pour le reste de ses jours dans le caveau qui devait servir de tombeau à son père.

3 Jusqu'au ministère Bertin, disait Lavoisier, le 31 juillet 1787, l'Agriculture avait été négligée au point que l'administration ne l'avait comptée pour rien dans l'établissement des conseils et dans la distribu-

des arts et des lettres, et que son nom est digne de figurer en lettres d'or dans les annales du xviii° siècle, et son portrait dans la salle de nos séances (1).

tion des départements *Procès verbaux du Comité d'administration de l'Agriculture*.

(1) On possède deux portraits de Bertin. Le premier, in-folio, a été gravé par Gaillard, d'après Rollin; le second, in-4°, est dû au burin de Cathelin.

Paris. — Typ. G. Chamerot, 19, rue des Saints-Pères. — 2200